# ESTATE ADMIN RECORD

## AN ESTATE EXECUTOR'S ADMIN RECORD BOOK

---

CORNELIUS MARTIN

THIS BOOK PROVIDES VARIOUS ORGANIZED, PRE-FORMATTED TEMPLATES
IN WHICH TO RECORD ADMINISTRATIVE AND FINANCIAL DATA
PERTAINING TO A DECEDENT'S ESTATE ASSETS AND LIABILITIES,
REQUIRED TAX RETURNS, AND DISTRIBUTIONS TO BENEFICIARIES

**ESTATE ADMIN RECORD BOOK**
**FOR ESTATE OF:** _____
**Date of Death:** _____

# TABLE OF CONTENTS

| | PAGE |
|---|---|
| DECEDENT PERSONAL DATA | 3 |
| TRUST/TRUSTEE INFORMATION | 5 |
| TRUST DOCUMENT HIGHLIGHTS | 7-9 |
| BENEFICIARY INFORMATION | 11-15 |
|     • BENEFICIARY COMMUNICATIONS LOG | 17 |
| ESTATE EXECUTOR INFORMATION | 19 |
| ESTATE ATTORNEY/ACCOUNTANT INFORMATION | 21 |
| ASSET RECORD INFORMATION (ACCOUNT #S-CONTACTS) | 23-29 |
| | |
| ESTATE ASSETS VALUATION DATA: | |
|     • CASH ACCOUNTS – BANKS/OTHER | 31-39 |
|     • NOTES/ACCOUNTS RECEIVABLE | 41-43 |
|     • INVESTMENT SECURITIES | 45-55 |
|     • ANNUITIES | 57 |
|     • LIFE INSURANCE | 59-61 |
|     • REAL ESTATE PROPERTY | 63-67 |
|     • PERSONAL PROPERTY | 69-71 |
|             o DISPOSITION RECORD | 73 |
|     • OTHER ASSETS | 75 |
|             o REFUNDABLE ITEMS DUE | 77 |
| SOCIAL SECURITY – MEDICARE INFORMATION | 79 |
| NEW BANK ACCOUNTS ESTABLISHED | 81 |
| | |
| ESTATE LIABILITIES & DEDUCTIONS: | |
|     • CREDIT CARD ACCOUNTS PAYABLE | 83 |
|     • MORTGAGE NOTES | 85 |
|     • OTHER NOTES/ACCTS PAYABLE | 87-89 |
|     • FUNERAL-BURIAL EXPENSES | 91 |
|     • ESTATE ADMIN EXPENSES/ FEES | 93 |
|     • OTHER EXPENSES | 95 |
|     • CHARITABLE GIFT BEQUEST TRANSFERS | 97 |
| | |
| FINAL PERSONAL TAX RETURN DATA | 99-107 |
| ESTATE TAX RETURN SUMMARY DATA | 109-117 |
| ESTATE/TRUST INCOME TAX RETURN DATA | 119-127 |
| DISTRIBUTION RECORD: | |
|     • ESTATE PRINCIPAL | 129-131 |
|     • ESTATE/TRUST INCOME | 133-135 |
| | |
| OTHER ESTATE ADMIN ITEMS-NOTES | 137-139 |
| QUESTIONS-DISCUSSION NOTES W/ATTORNEY-ACCOUNTANT | 141-149 |

## Decedent personal data

Full name: _____

Date/place of birth: _____

Date/place of death: _____

Last addresses:

    Physical: _____

    _____

    Mailing: _____

    _____

Social security#: _____

Drivers license#: _____

## Trust/trustee information

Trust name: _____

Original trust date: _____

Most recent amend eff date: _____

Current trustee name: _____

Trustee contact info: _____
_____
_____
_____
_____

Next successor trustee name: _____

# Trust document highlights

Trust name/date: _____

Original trustee(s): _____ _____

1ST successor trustee: _____ _____

2ND successor trustee: _____ _____

3RD successor trustee: _____ _____

Trust distribution overview:

_____
_____
_____
_____
_____
_____
_____
_____
_____
_____

Trust document key references:

- TRUSTEES _____
- TRUSTEE POWERS _____
- BENEFICIARIES _____
- BENEFICIARY SHARES _____
- DISPOSITION OF PROPERTY _____
- NEW TRUSTS CREATED _____
- _____

Location of complete trust document: _____

**TRUST DOCUMENT HIGHLIGHTS** – NOTES

**BENEFICIARY INFORMATION**

Family name: _____

Individual names:

    1. _____

    2. _____

    3. _____

    4. _____

Family name: _____

Individual names:

    1. _____

    2. _____

    3. _____

    4. _____

Family name: _____

Individual names:

    1. _____

    2. _____

Family name: _____

Individual names:

    1. _____

    2. _____

## BENEFICIARY INFORMATION - DETAILS

1 Full name: _____    SSAN: _____
Address:    _____    home ph: _____
            _____    cell ph: _____
            _____    email: _____

2 Full name: _____    SSAN: _____
Address:    _____    home ph: _____
            _____    cell ph: _____
            _____    email: _____

3 Full name: _____    SSAN: _____
Address:    _____    home ph: _____
            _____    cell ph: _____
            _____    email: _____

4 Full name: _____    SSAN: _____
Address:    _____    home ph: _____
            _____    cell ph: _____
            _____    email: _____

5 Full name: _____    SSAN: _____
Address:    _____    home ph: _____
            _____    cell ph: _____
            _____    email: _____

6 Full name: _____    SSAN: _____
Address:    _____    home ph: _____
            _____    cell ph: _____
            _____    email: _____

**BENEFICIARY INFORMATION -** DETAILS

7 Full name: _____	SSAN: _____
   Address: _____	home ph: _____
                _____	cell ph: _____
                _____	email: _____

8 Full name: _____	SSAN: _____
   Address: _____	home ph: _____
                _____	cell ph: _____
                _____	email: _____

9 Full name: _____	SSAN: _____
   Address: _____	home ph: _____
                _____	cell ph: _____
                _____	email: _____

10 Full name: _____	SSAN: _____
    Address: _____	home ph: _____
                 _____	cell ph: _____
                 _____	email: _____

11 Full name: _____	SSAN: _____
    Address: _____	home ph: _____
                 _____	cell ph: _____
                 _____	email: _____

12 Full name: _____	SSAN: _____
    Address: _____	home ph: _____
                 _____	cell ph: _____
                 _____	email: _____

## BENEFICIARY COMMUNICATIONS LOG

| DATE | VIA | CONTENT – DESCRIPTION |
|------|-----|------------------------|
|      |     |                        |
|      |     |                        |
|      |     |                        |
|      |     |                        |
|      |     |                        |
|      |     |                        |
|      |     |                        |
|      |     |                        |
|      |     |                        |
|      |     |                        |
|      |     |                        |
|      |     |                        |
|      |     |                        |
|      |     |                        |

## ESTATE EXECUTOR INFORMATION

LAST WILL & TESTAMENT

ORIGINAL DOCUMENT DATE: _____

MOST RECENT AMEND DATE: _____


EXECUTOR NAME: _____

CONTACT INFO: _____

_____

_____

_____


ALTERNATE EXECUTOR: _____

## ESTATE ATTORNEY/ACCOUNTANT INFORMATION

ATTORNEY NAME: _____

FIRM NAME: _____

ADDRESS: _____

_____

PHONES: OFFICE_____ DIRECT_____

E-MAIL: _____


ACOUNTANT NAME: _____

FIRM NAME: _____

ADDRESS: _____

_____

PHONES: OFFICE_____ DIRECT_____

E-MAIL: _____

## ASSET RECORD INFORMATION (ACCOUNT #S-CONTACTS)

### RECAP

| ACCOUNT NAME | ACCOUNT TYPE | ACCT # |
|---|---|---|
| | | |
| | | |
| | | |
| | | |
| | | |
| | | |
| | | |
| | | |
| | | |
| | | |
| | | |
| | | |
| | | |
| | | |
| | | |
| | | |
| | | |
| | | |
| | | |

## Asset record information (account #s-contacts)

### Bank accounts

| BANK NAME | _____ | CONTACT: | _____ |
| ADDRESS | _____ | ALTERNATE: | _____ |
| | _____ | PHONE #: | _____ |
| ACCT NAME: | _____ | ACCT #: | _____ |
| | _____ | | |

| BANK NAME | _____ | CONTACT: | _____ |
| ADDRESS | _____ | ALTERNATE: | _____ |
| | _____ | PHONE #: | _____ |
| ACCT NAME: | _____ | ACCT #: | _____ |
| | _____ | | |

| BANK NAME | _____ | CONTACT: | _____ |
| ADDRESS | _____ | ALTERNATE: | _____ |
| | _____ | PHONE #: | _____ |
| ACCT NAME: | _____ | ACCT #: | _____ |
| | _____ | | |

| BANK NAME | _____ | CONTACT: | _____ |
| ADDRESS | _____ | ALTERNATE: | _____ |
| | _____ | PHONE #: | _____ |
| ACCT NAME: | _____ | ACCT #: | _____ |
| | _____ | | |

| BANK NAME | _____ | CONTACT: | _____ |
| ADDRESS | _____ | ALTERNATE: | _____ |
| | _____ | PHONE #: | _____ |
| ACCT NAME: | _____ | ACCT #: | _____ |
| | _____ | | |

26

## Asset record information (account #s-contacts)

### Brokerage accounts

| | | | |
|---|---|---|---|
| FIRM NAME | _____ | CONTACT: | _____ |
| ADDRESS | _____ | ALTERNATE: | _____ |
| | _____ | PHONE #: | _____ |
| ACCT NAME: | _____ | ACCT #: | _____ |
| | _____ | | |

| | | | |
|---|---|---|---|
| FIRM NAME | _____ | CONTACT: | _____ |
| ADDRESS | _____ | ALTERNATE: | _____ |
| | _____ | PHONE #: | _____ |
| ACCT NAME: | _____ | ACCT #: | _____ |
| | _____ | | |

| | | | |
|---|---|---|---|
| FIRM NAME | _____ | CONTACT: | _____ |
| ADDRESS | _____ | ALTERNATE: | _____ |
| | _____ | PHONE #: | _____ |
| ACCT NAME: | _____ | ACCT #: | _____ |
| | _____ | | |

| | | | |
|---|---|---|---|
| FIRM NAME | _____ | CONTACT: | _____ |
| ADDRESS | _____ | ALTERNATE: | _____ |
| | _____ | PHONE #: | _____ |
| ACCT NAME: | _____ | ACCT #: | _____ |
| | _____ | | |

## Asset record information (account #s-contacts)

### Other accounts

NAME _____  CONTACT: _____
ADDRESS _____  ALTERNATE: _____
_____  PHONE #: _____
ACCT NAME: _____  ACCT #: _____
_____


NAME _____  CONTACT: _____
ADDRESS _____  ALTERNATE: _____
_____  PHONE #: _____
ACCT NAME: _____  ACCT #: _____
_____


NAME _____  CONTACT: _____
ADDRESS _____  ALTERNATE: _____
_____  PHONE #: _____
ACCT NAME: _____  ACCT #: _____
_____


NAME _____  CONTACT: _____
ADDRESS _____  ALTERNATE: _____
_____  PHONE #: _____
ACCT NAME: _____  ACCT #: _____
_____

## CASH ACCOUNTS – BANKS/OTHER

### RECAP:

|  | # ACCTS | TOTAL BALANCE | VALUE AT DATE OF DEATH |
|---|---|---|---|
| BANK ACCOUNTS | _____ | _____ | _____ |
| OTHER ACCOUNTS | _____ | _____ | _____ |
| TOTAL CASH | _____ | _____ | _____ |

### BANK: _____

| ACCT TYPE | ACCT # | MOST RECENT STATEMENT | ACCT BALANCE | ACCT VALUE AT DATE OF DEATH |
|---|---|---|---|---|
| CHECKING | _____ | _____ | _____ | _____ |
| SAVINGS | _____ | _____ | _____ | _____ |
| MON MKT | _____ | _____ | _____ | _____ |
| C D | _____ | _____ | _____ | _____ |

*NOTES:*

ACCTS CLOSED OUT: _____    TRANSFER TO: _____

ACCRUED INTEREST CALCULATIONS:

## CASH ACCOUNTS – BANKS/OTHER

BANK: _____

| ACCT TYPE | ACCT # | MOST RECENT STATEMENT | ACCT BALANCE | ACCT VALUE AT DATE OF DEATH |
|---|---|---|---|---|
| CHECKING | _____ | _____ | _____ | _____ |
| SAVINGS | _____ | _____ | _____ | _____ |
| MON MKT | _____ | _____ | _____ | _____ |
| C D | _____ | _____ | _____ | _____ |

*NOTES:*

ACCTS CLOSED OUT: _____   TRANSFER TO: _____

ACCRUED INTEREST CALCULATIONS:


BANK: _____

| ACCT TYPE | ACCT # | MOST RECENT STATEMENT | ACCT BALANCE | ACCT VALUE AT DATE OF DEATH |
|---|---|---|---|---|
| CHECKING | _____ | _____ | _____ | _____ |
| SAVINGS | _____ | _____ | _____ | _____ |
| MON MKT | _____ | _____ | _____ | _____ |
| C D | _____ | _____ | _____ | _____ |

*NOTES:*

ACCTS CLOSED OUT: _____   TRANSFER TO: _____

ACCRUED INTEREST CALCULATIONS:

## CASH ACCOUNTS – BANKS/OTHER

BANK: _____

| ACCT TYPE | ACCT # | MOST RECENT STATEMENT | ACCT BALANCE | ACCT VALUE AT DATE OF DEATH |
|---|---|---|---|---|
| CHECKING | _____ | _____ | _____ | _____ |
| SAVINGS | _____ | _____ | _____ | _____ |
| MON MKT | _____ | _____ | _____ | _____ |
| C D | _____ | _____ | _____ | _____ |

*NOTES:*

ACCTS CLOSED OUT: _____   TRANSFER TO: _____

ACCRUED INTEREST CALCULATIONS:


BANK: _____

| ACCT TYPE | ACCT # | MOST RECENT STATEMENT | ACCT BALANCE | ACCT VALUE AT DATE OF DEATH |
|---|---|---|---|---|
| CHECKING | _____ | _____ | _____ | _____ |
| SAVINGS | _____ | _____ | _____ | _____ |
| MON MKT | _____ | _____ | _____ | _____ |
| C D | _____ | _____ | _____ | _____ |

*NOTES:*

ACCTS CLOSED OUT: _____   TRANSFER TO: _____

ACCRUED INTEREST CALCULATIONS:

## CASH ACCOUNTS – BANKS/OTHER

BANK: _____

| ACCT TYPE | ACCT # | MOST RECENT STATEMENT | ACCT BALANCE | ACCT VALUE AT DATE OF DEATH |
|---|---|---|---|---|
| CHECKING | _____ | _____ | _____ | _____ |
| SAVINGS | _____ | _____ | _____ | _____ |
| MON MKT | _____ | _____ | _____ | _____ |
| C D | _____ | _____ | _____ | _____ |

*NOTES:*

ACCTS CLOSED OUT: _____  TRANSFER TO: _____

ACCRUED INTEREST CALCULATIONS:


BANK: _____

| ACCT TYPE | ACCT # | MOST RECENT STATEMENT | ACCT BALANCE | ACCT VALUE AT DATE OF DEATH |
|---|---|---|---|---|
| CHECKING | _____ | _____ | _____ | _____ |
| SAVINGS | _____ | _____ | _____ | _____ |
| MON MKT | _____ | _____ | _____ | _____ |
| C D | _____ | _____ | _____ | _____ |

*NOTES:*

ACCTS CLOSED OUT: _____  TRANSFER TO: _____

ACCRUED INTEREST CALCULATIONS:

## CASH ACCOUNTS – BANKS/OTHER

BANK: _____

| ACCT TYPE | ACCT # | MOST RECENT STATEMENT | ACCT BALANCE | ACCT VALUE AT DATE OF DEATH |
|---|---|---|---|---|
| CHECKING | _____ | _____ | _____ | _____ |
| SAVINGS | _____ | _____ | _____ | _____ |
| MON MKT | _____ | _____ | _____ | _____ |
| C D | _____ | _____ | _____ | _____ |

*NOTES:*

ACCTS CLOSED OUT: _____   TRANSFER TO: _____

ACCRUED INTEREST CALCULATIONS:


BANK: _____

| ACCT TYPE | ACCT # | MOST RECENT STATEMENT | ACCT BALANCE | ACCT VALUE AT DATE OF DEATH |
|---|---|---|---|---|
| CHECKING | _____ | _____ | _____ | _____ |
| SAVINGS | _____ | _____ | _____ | _____ |
| MON MKT | _____ | _____ | _____ | _____ |
| C D | _____ | _____ | _____ | _____ |

*NOTES:*

ACCTS CLOSED OUT: _____   TRANSFER TO: _____

ACCRUED INTEREST CALCULATIONS:

## Notes/Accounts Receivable

| Recap: | # Accts | Total Balance | Value at Date of Death |
|---|---|---|---|
| Notes Receivable | _____ | _____ | _____ |
| Other Accounts | _____ | _____ | _____ |
| Total | | _____ | _____ |

Total Balances _____

\+ Accrued Interest _____

= Total Value _____

42

## NOTES/ACCOUNTS RECEIVABLE

NOTES:

| FROM (NAME) | ORIG DATE | ORIG NOTE AMOUNT | UNPAID BALANCE | VALUE AT DATE OF DEATH |
|---|---|---|---|---|
| 1 | | | | |
| 2 | | | | |
| 3 | | | | |
| 4 | | | | |
| 5 | | | | |
| TOTAL | | | | |

*NOTES:*

NOTES PAID OFF: _____ TRANSFER TO: _____

ACCRUED INTEREST CALCULATIONS:

OTHER ACCOUNTS:

| FROM (NAME) | ORIG DATE | ORIG AMOUNT | UNPAID BALANCE | VALUE AT DATE OF DEATH |
|---|---|---|---|---|
| 1 | | | | |
| 2 | | | | |
| 3 | | | | |
| 4 | | | | |
| 5 | | | | |
| TOTAL | | | | |

## INVESTMENT SECURITIES

### RECAP:

| BROKER FIRM | SECURITY TYPES | # HELD | VALUE AT DATE OF DEATH |
|---|---|---|---|
| 1 _____ | _____ | _____ | _____ |
| 2 _____ | _____ | _____ | _____ |
| 3 _____ | _____ | _____ | _____ |
| 4 _____ | _____ | _____ | _____ |
| 5 _____ | _____ | _____ | _____ |
| 6 _____ | _____ | _____ | _____ |
| TOTAL | | _____ | _____ |

## INVESTMENT SECURITIES

BROKER FIRM: _____   ACCT # _____

| SECURITY | # HELD | MOST RECENT STATEMENT | ACCT BALANCE | ACCT VALUE AT DATE OF DEATH |
|---|---|---|---|---|
| STOCKS | _____ | _____ | _____ | _____ |
| BONDS | _____ | _____ | _____ | _____ |
| MUT FDS | _____ | _____ | _____ | _____ |
| OTHER | _____ | _____ | _____ | _____ |
| TOTAL | _____ | | _____ | _____ |

*NOTES:*

ACCT CLOSED OUT: _____   TRANSFER TO: _____


BROKER FIRM: _____   ACCT # _____

| SECURITY | # HELD | MOST RECENT STATEMENT | ACCT BALANCE | ACCT VALUE AT DATE OF DEATH |
|---|---|---|---|---|
| STOCKS | _____ | _____ | _____ | _____ |
| BONDS | _____ | _____ | _____ | _____ |
| MUT FDS | _____ | _____ | _____ | _____ |
| OTHER | _____ | _____ | _____ | _____ |
| TOTAL | _____ | | _____ | _____ |

*NOTES:*

ACCT CLOSED OUT: _____   TRANSFER TO: _____

48

## INVESTMENT SECURITIES

BROKER FIRM: _____  ACCT # _____

| SECURITY | # HELD | MOST RECENT STATEMENT | ACCT BALANCE | ACCT VALUE AT DATE OF DEATH |
|---|---|---|---|---|
| STOCKS | _____ | _____ | _____ | _____ |
| BONDS | _____ | _____ | _____ | _____ |
| MUT FDS | _____ | _____ | _____ | _____ |
| OTHER | _____ | _____ | _____ | _____ |
| TOTAL | _____ | | _____ | _____ |

*NOTES:*

ACCT CLOSED OUT: _____   TRANSFER TO: _____


BROKER FIRM: _____  ACCT # _____

| SECURITY | # HELD | MOST RECENT STATEMENT | ACCT BALANCE | ACCT VALUE AT DATE OF DEATH |
|---|---|---|---|---|
| STOCKS | _____ | _____ | _____ | _____ |
| BONDS | _____ | _____ | _____ | _____ |
| MUT FDS | _____ | _____ | _____ | _____ |
| OTHER | _____ | _____ | _____ | _____ |
| TOTAL | _____ | | _____ | _____ |

*NOTES:*

ACCT CLOSED OUT: _____   TRANSFER TO: _____

## INVESTMENT SECURITIES

BROKER FIRM: _____  ACCT # _____

| SECURITY | # HELD | MOST RECENT STATEMENT | ACCT BALANCE | ACCT VALUE AT DATE OF DEATH |
|---|---|---|---|---|
| STOCKS | _____ | _____ | _____ | _____ |
| BONDS | _____ | _____ | _____ | _____ |
| MUT FDS | _____ | _____ | _____ | _____ |
| OTHER | _____ | _____ | _____ | _____ |
| TOTAL | _____ | | _____ | _____ |

*NOTES:*

ACCT CLOSED OUT: _____   TRANSFER TO: _____


BROKER FIRM: _____  ACCT # _____

| SECURITY | # HELD | MOST RECENT STATEMENT | ACCT BALANCE | ACCT VALUE AT DATE OF DEATH |
|---|---|---|---|---|
| STOCKS | _____ | _____ | _____ | _____ |
| BONDS | _____ | _____ | _____ | _____ |
| MUT FDS | _____ | _____ | _____ | _____ |
| OTHER | _____ | _____ | _____ | _____ |
| TOTAL | _____ | | _____ | _____ |

*NOTES:*

ACCT CLOSED OUT: _____   TRANSFER TO: _____

**INVESTMENT SECURITIES -** NOTES

## INVESTMENT SECURITIES - NOTES

## ANNUITIES

RECAP: TOTAL VALUE AT DATE OF DEATH _____

DETAILS:

LIFE COMPANY NAME _____
CONTRACT/CERTIF # _____
ORIG DATE _____
ORIG AMOUNT _____
MO PAY AMOUNT _____
1$^{ST}$ PAYMENT DATE _____
DURATION/TERM _____
REM PAYOUT DUE AT DATE DEATH _____
CONTRACT VALUE AT DATE DEATH _____


LIFE COMPANY NAME _____
CONTRACT/CERTIF # _____
ORIG DATE _____
ORIG AMOUNT _____
MO PAY AMOUNT _____
1$^{ST}$ PAYMENT DATE _____
DURATION/TERM _____
REM PAYOUT DUE AT DATE DEATH _____
CONTRACT VALUE AT DATE DEATH _____


LIFE COMPANY NAME _____
CONTRACT/CERTIF # _____
ORIG DATE _____
ORIG AMOUNT _____
MO PAY AMOUNT _____
1$^{ST}$ PAYMENT DATE _____
DURATION/TERM _____
REM PAYOUT DUE AT DATE DEATH _____
CONTRACT VALUE AT DATE DEATH _____

58

## LIFE INSURANCE

RECAP:     TOTAL DEATH BENEFIT VALUE    _____
           _____ POLICIES

DETAILS:

LIFE COMPANY  _____     CONTACT:    _____
ADDRESS       _____     ALTERNATE:  _____
              _____     PHONE #:    _____
ACCT NAME:    _____
              _____
POLICY #      _____
ORIG DATE     _____
FACE AMT      _____
CASH VALUE AT DATE DEATH               _____
DEATH BEN VALUE AT DATE DEATH          _____

NOTES:




LIFE COMPANY  _____     CONTACT:    _____
ADDRESS       _____     ALTERNATE:  _____
              _____     PHONE #:    _____
ACCT NAME:    _____
              _____
POLICY #      _____
ORIG DATE     _____
FACE AMT      _____
CASH VALUE AT DATE DEATH               _____
DEATH BEN VALUE AT DATE DEATH          _____

NOTES:

60

## LIFE INSURANCE

LIFE COMPANY  _____  CONTACT:  _____
ADDRESS  _____  ALTERNATE:  _____
 _____  PHONE #:  _____
ACCT NAME:  _____

POLICY #  _____
ORIG DATE  _____
FACE AMT  _____
CASH VALUE AT DATE DEATH  _____
DEATH BEN VALUE AT DATE DEATH  _____

*NOTES*:




LIFE COMPANY  _____  CONTACT:  _____
ADDRESS  _____  ALTERNATE:  _____
 _____  PHONE #:  _____
ACCT NAME:  _____

POLICY #  _____
ORIG DATE  _____
FACE AMT  _____
CASH VALUE AT DATE DEATH  _____
DEATH BEN VALUE AT DATE DEATH  _____

*NOTES*:

# REAL ESTATE PROPERTY

## RECAP:

| PROPERTY NAME/ADDRESS | DATE PURCH | ORIG COST | CURRENT COST BASIS | EST VALUE AT DATE OF DEATH |
|---|---|---|---|---|
| 1 _____ | _____ | _____ | _____ | _____ |
| 2 _____ | _____ | _____ | _____ | _____ |
| 3 _____ | _____ | _____ | _____ | _____ |
| 4 _____ | _____ | _____ | _____ | _____ |
| TOTAL | | _____ | _____ | _____ |

| PROP SALE OFFERS | DATE | FROM | FINAL SALE DATE | CLOSING | FINAL NET SALE PRICES |
|---|---|---|---|---|---|
| 1 _____ | _____ | _____ | _____ | _____ | _____ |
| 2 _____ | _____ | _____ | _____ | _____ | _____ |
| 3 _____ | _____ | _____ | _____ | _____ | _____ |
| 4 _____ | _____ | _____ | _____ | _____ | _____ |
| TOTAL | | | | | _____ |

*NOTES*:

## REAL ESTATE PROPERTY

DETAILS:

1 PROPERTY NAME/ADDRESS  _____
_____

DATE PURCHASED  _____
ORIGINAL COST  _____
CAPITAL IMPROVEMENTS  _____
CURRENT COST BASIS  _____    EST MARKET VALUE  _____
UNPAID MORTGAGE AMT  _____    _____
NET EQUITY  _____    _____

*NOTES:*

2 PROPERTY NAME/ADDRESS  _____
_____

DATE PURCHASED  _____
ORIGINAL COST  _____
CAPITAL IMPROVEMENTS  _____
CURRENT COST BASIS  _____    EST MARKET VALUE  _____
UNPAID MORTGAGE AMT  _____    _____
NET EQUITY  _____    _____

*NOTES:*

## Real estate property

**3** PROPERTY NAME/ADDRESS  _____
                             _____

DATE PURCHASED         _____
ORIGINAL COST          _____
CAPITAL IMPROVEMENTS   _____
CURRENT COST BASIS     _____      EST MARKET VALUE   _____
UNPAID MORTGAGE AMT    _____                         _____
NET EQUITY             _____                         _____

*NOTES:*




**4** PROPERTY NAME/ADDRESS  _____
                             _____

DATE PURCHASED         _____
ORIGINAL COST          _____
CAPITAL IMPROVEMENTS   _____
CURRENT COST BASIS     _____      EST MARKET VALUE   _____
UNPAID MORTGAGE AMT    _____                         _____
NET EQUITY             _____                         _____

*NOTES:*

68

## PERSONAL PROPERTY

| RECAP: | EST COST | EST VALUE | ESTATE VALUATION |
|---|---|---|---|
| CARS | _____ | _____ | _____ |
| FURNITURE | _____ | _____ | _____ |
| ARTWORK | _____ | _____ | _____ |
| JEWELRY | _____ | _____ | _____ |
| COLLECTIONS | _____ | _____ | _____ |
| TOOLS/EQUIPMENT | _____ | _____ | _____ |
| PERSONAL ITEMS | _____ | _____ | _____ |
| OTHER | _____ | _____ | _____ |
| TOTAL | _____ | _____ | _____ |

*NOTES:*

## Personal property

| Details: | DESCRIPTION | PURCH DATE | EST COST | EST VALUE |
|---|---|---|---|---|
| CARS | | | | |
| | | | | |
| | | | | |
| FURNITURE | | | | |
| | | | | |
| | | | | |
| ARTWORK | | | | |
| | | | | |
| | | | | |
| JEWELRY | | | | |
| | | | | |
| | | | | |
| COLLECTIONS | | | | |
| | | | | |
| | | | | |
| TOOLS/EQUIP | | | | |
| | | | | |
| | | | | |
| PERS ITEMS | | | | |
| | | | | |
| | | | | |
| OTHER | | | | |
| | | | | |
| | | | | |

72

## Personal property – disposition record

CARS _____

FURNITURE _____

ARTWORK _____

JEWELRY _____

COLLECTIONS _____

TOOLS/EQUIP _____

PERS ITEMS _____

OTHER _____

# OTHER ASSETS

**REFUNDABLE ITEMS DUE**

| | DUE FROM | DESCRIPTION | AMOUNT DUE |
|---|---|---|---|
| 1. | _____ | _____ | _____ |
| 2. | _____ | _____ | _____ |
| 3. | _____ | _____ | _____ |
| 4. | _____ | _____ | _____ |
| 5. | _____ | _____ | _____ |
| 6. | _____ | _____ | _____ |
| 7. | _____ | _____ | _____ |
| 8. | _____ | _____ | _____ |
| 9. | _____ | _____ | _____ |
| 10. | _____ | _____ | _____ |

TOTAL _____

## Social Security – Medicare Information

FULL NAME: _____

SOCIAL SECURITY NO: _____

SOCIAL SECURITY EFF DATE: _____

CURRENT MO BENEFIT AMT: _____     LAST PAYMENT DATE: _____

PAID VIA:     _____ CHECK     _____ DIRECT DEPOSIT (BANK _____)

NOTIFICATION OF DEATH ON (DATE) _____ (1-800-772-1213)

MEDICARE CLAIM NO: _____

BENEFICIARY NAME: _____

BENEFITS EFF DATE: PART A _____     PART B _____

CURRENT MO PREM AMT: _____     LAST PAYMENT DATE: _____

PAID VIA:     _____ CHECK     _____ SOC SEC PAY W/H

*NOTES:*

# NEW BANK ACCOUNTS ESTABLISHED

BANK NAME: _____     DATE OPENED: _____

ACCT NAME: _____     ACCT TYPE: _____

_____     CONTACT: _____

ACCT ADDRESS: _____     _____


## DEPOSITS MADE:

| DATE | TRANSFER FROM | DESCRIPTION | AMOUNT |
|------|---------------|-------------|--------|
| ____ | _____ | _____ | _____ |
| ____ | _____ | _____ | _____ |
| ____ | _____ | _____ | _____ |
| ____ | _____ | _____ | _____ |
| ____ | _____ | _____ | _____ |
| ____ | _____ | _____ | _____ |
| ____ | _____ | _____ | _____ |
| ____ | _____ | _____ | _____ |
| ____ | _____ | _____ | _____ |
| ____ | _____ | _____ | _____ |
| ____ | _____ | _____ | _____ |
| ____ | _____ | _____ | _____ |
| ____ | _____ | _____ | _____ |
| ____ | _____ | _____ | _____ |
| ____ | _____ | _____ | _____ |

## CREDIT CARD ACCOUNTS PAYABLE

| ACCT NAME/TYPE | ACCT NO | STATEMENT DATE | UNPAID BALANCE | DATE PAID |
|---|---|---|---|---|
| 1 | | | | |
| 2 | | | | |
| 3 | | | | |
| 4 | | | | |
| 5 | | | | |
| 6 | | | | |
| 7 | | | | |
| 8 | | | | |
| | TOTAL | | | |

*NOTES*

## MORTGAGE NOTES

| PAYABLE TO | ORIG DATE | ORIG NOTE AMOUNT | UNPAID BALANCE | + ACCR INTEREST | BAL DUE AT DATE DEATH |
|---|---|---|---|---|---|
| 1 _____ | _____ | _____ | _____ | _____ | _____ |
| 2 _____ | _____ | _____ | _____ | _____ | _____ |
| 3 _____ | _____ | _____ | _____ | _____ | _____ |
| 4 _____ | _____ | _____ | _____ | _____ | _____ |
| TOTAL | | | _____ | _____ | _____ |

*NOTES:*

ACCRUED INTEREST CALCULATIONS:

1

2

3

4

| RELATED PROPERTY NAME/ADDRESS | DATE PURCH | ORIG COST | CURRENT EST VALUE |
|---|---|---|---|
| 1 _____ | _____ | _____ | _____ |
| 2 _____ | _____ | _____ | _____ |
| 3 _____ | _____ | _____ | _____ |
| 4 _____ | _____ | _____ | _____ |

< SEE REAL ESTATE PROPERTY ASSET INFO FOR COMPLETE DETAILS >

## Other notes/accounts payable

Other notes:

| PAYABLE TO | ORIG DATE | ORIG NOTE AMOUNT | BALANCE AT DATE DEATH | INT RATE | DUE DATE |
|---|---|---|---|---|---|
| 1 _____ | _____ | _____ | _____ | _____ | _____ |
| 2 _____ | _____ | _____ | _____ | _____ | _____ |
| 3 _____ | _____ | _____ | _____ | _____ | _____ |
| 4 _____ | _____ | _____ | _____ | _____ | _____ |
| TOTAL | | | _____ | | |

*NOTES:*

ACCRUED INTEREST CALCULATIONS:

1

2

3

4

## OTHER NOTES/ACCOUNTS PAYABLE

OTHER ACCOUNTS:

| DUE TO | ACCT TYPE | ACCT # | UNPAID BALANCE | DUE DATE |
|---|---|---|---|---|
| 1 | | | | |
| 2 | | | | |
| 3 | | | | |
| 4 | | | | |
| 5 | | | | |
| 6 | | | | |
| 7 | | | | |
| 8 | | | | |
| TOTAL | | | | |

*NOTES*:

# FUNERAL-BURIAL EXPENSES

| FUNERAL HOME | CEMETERY |
|---|---|
| NAME _____ | NAME _____ |
| ADDRESS _____ | LOCATION _____ |
| CONTACT _____ | PHONE _____ |
| PHONE _____ | BURIALPLOT # _____ |

| FUNERAL HOME CHARGES: | ORIG EST | FINAL AMT |
|---|---|---|
| BASIC PROFESSIONAL SVCS | _____ | _____ |
| ADDTL PROFESSIONAL SVCS | _____ | _____ |
| VISITATION/VIEWING SVCS | _____ | _____ |
| FUNERAL/MEMORIAL SVCS | _____ | _____ |
| AUTOMOTIVE TRANSFERS | _____ | _____ |
| CASKET | _____ | _____ |
| BURIAL VAULT | _____ | _____ |
| FUNERAL SVC HONORARIUMS | _____ | _____ |
| ESCORTS/PALLBEARER FEES | _____ | _____ |
| OTHER FEES | _____ | _____ |
| TRANSPORTATION CHGS | _____ | _____ |
| CEMETERY CHARGES | _____ | _____ |
| CREMATORY CHARGES | _____ | _____ |
| NEWSPAPER NOTICES | _____ | _____ |
| FLOWERS ETC | _____ | _____ |
| OTHER ITEMS | _____ | _____ |
| MONUMENT + INSCRIPTION | _____ | _____ |
| _____ | _____ | _____ |
| TOTAL | _____ | _____ |

| PAYMENTS MADE: | AMOUNT |
|---|---|
| (DATE) _____ | _____ |
| _____ | _____ |
| _____ | _____ |
| TOTAL | _____ |

## ESTATE ADMIN EXPENSES/FEES

*< SUMMARIZED FROM ESTATE CHECKBOOK >*

PROFESSIONAL FEES:         (FIRM/NAME)                                AMOUNT
    LEGAL                       _____        _____
    TAX/ACCOUNTING              _____        _____
    EXECUTOR ADMIN              _____        _____
    APPRAISALS                  _____        _____


FAMILY COST REIMBURSEMENTS:
    RECEPTION EXPENSES                                       _____
    OUT-OF-TOWN TRAVEL                                       _____


MOVING & STORAGE                                                     _____

HONORARIUMS – FUNERAL                                                _____

OTHER ITEMS                                                          _____

    TOTAL                                                    _____

## OTHER EXPENSES

< *SUMMARIZED FROM ESTATE CHECKBOOK* >

| | AMOUNT |
|---|---|
| FINAL MEDICAL-RELATED EXPENSES: | |
|     HOSPITAL CHARGES | _____ |
|     PHYSICIAN CHGS | _____ |
|     MEDICINE/DRUGS | _____ |
|     PRIVATE NURSING/HOSPICE CARE | _____ |
| FINAL ASSISTED LIVING-NURSING HOME FACILITY CHGS | _____ |
| FINAL INDIV INCOME TAX RETURN PAYMENTS DUE | _____ |
| FINAL UTILITY/PHONE/OTHER SVC CHGS DUE | _____ |
| OTHER UNPAID PRE-DEATH CHGS PAID AFTER DATE OF DEATH(*) | _____ |
| OTHER ITEMS | _____ |
|     TOTAL | _____ |

(*) REF TO CREDIT CARD ACCOUNTS PAYABLE + OTHER ACCOUNTS PAYABLE
    (to avoid duplication)

# Charitable gift bequest transfers

< DETAIL ANY QUALIFIED BEQUEST TRANSFER TAX DEDUCTIONS FROM ESTATE ASSETS >

## Final personal income tax return data

Taxable income items thru date of death (_____):  AMOUNT

    INVESTMENT ACCOUNTS    (SEE ATT)    _____
    ANNUITY ACCOUNTS    _____
    SAVINGS BONDS    _____
    BANK ACCOUNTS    (SEE ATT)    _____
    SALARY-BONUS ITEMS    _____
    SOCIAL SECURITY BENEFITS    _____
    OTHER INCOME    _____

                                TOTAL    _____

Tax-deductible expenses thru date of death:

    MEDICAL/MEDICARE INSURANCE    _____
    HOSPITAL-PHYSICIAN CHARGES    _____
    PRIVATE NURSING CARE    _____
    NURSING HOME FACILITY CHARGES    _____
    PRESCRIPTION MEDICINE-DRUGS    _____
    INTEREST EXPENSE    _____
    REAL ESTATE & PERS PROP TAXES    _____
    CHARITABLE CONTRIBUTIONS    _____
    LEGAL/TAX ACCOUNTING FEES    _____
    OTHER ITEMS    _____

                                TOTAL    _____

                ESTIMATED TAXABLE INCOME    _____

Tax payments made thru date of death:
        TAX WITHHOLDING AMOUNTS    _____
        ESTIMATED TAX INSTALLMENTS    _____

                TOTAL    _____

Final tax due(refund) with tax returns:
        FEDERAL    _____
        STATE    _____

        TOTAL    _____

100

## FINAL PERSONAL INCOME TAX RETURN DATA

INVESTMENT INCOME THRU DATE OF DEATH – DETAIL ANALYSIS:

| 1BROKER/ACCOUNT NAME | THRU DATE | INC TYPE | TOTAL AMOUNT | AMT THRU DOD | AMT AFTER DOD |
|---|---|---|---|---|---|
| | | | | | |
| CUM ALL MOS PRIOR DEATH | _____ | | | | X |
|    DIVIDENDS | | DIV | _____ | _____ | X |
|    INTEREST | | INT | _____ | _____ | X |
|    CAP GAIN DISTRIB | | CAP GAIN | _____ | _____ | X |
|    MON MKT FUND INT | | INT | _____ | _____ | X |
|    SALES PROCEEDS | | GAIN/LOSS | _____ | _____ | X |
| | | | | | |
| TOTAL IN MONTH OF DEATH | _____ | | | | |
|    DIVIDENDS | | DIV | _____ | _____ | _____ |
|    INTEREST | | INT | _____ | _____ | _____ |
|    CAP GAIN DISTRIB | | CAP GAIN | _____ | _____ | _____ |
|    MON MKT FUND INT | | INT | _____ | _____ | _____ |
|    SALES PROCEEDS | | GAIN/LOSS | _____ | _____ | _____ |
| | | | _____ | _____ | _____ |
| | | TOTAL | _____ | _____ | _____ |
| | | | | *FINAL INDIV TAX RETN* | *TRUST INCOME TAX RETN* |

| INCOME COMPOSITION: | TAXABLE | EXEMPT | | TOTAL |
|---|---|---|---|---|
| DIVIDENDS | _____ | _____ | | _____ |
| INTEREST | _____ | _____ | | _____ |
| CAP GAINS | _____ | _____ | | _____ |
| MM FUND INT | _____ | _____ | | _____ |
| GAIN/LOSS | _____ | _____ | | _____ |
|    TOTAL | _____ | _____ | | _____ |

102

# FINAL PERSONAL INCOME TAX RETURN DATA

INVESTMENT INCOME THRU DATE OF DEATH – DETAIL ANALYSIS:

| 2BROKER/ACCOUNT NAME | THRU DATE | INC TYPE | TOTAL AMOUNT | AMT THRU DOD | AMT AFTER DOD |
|---|---|---|---|---|---|
| CUM ALL MOS PRIOR DEATH | _____ | | | | X |
|    DIVIDENDS | | DIV | _____ | _____ | X |
|    INTEREST | | INT | _____ | _____ | X |
|    CAP GAIN DISTRIB | | CAP GAIN | _____ | _____ | X |
|    MON MKT FUND INT | | INT | _____ | _____ | X |
|    SALES PROCEEDS | | GAIN/LOSS | _____ | _____ | X |
| TOTAL IN MONTH OF DEATH | _____ | | | | |
|    DIVIDENDS | | DIV | _____ | _____ | _____ |
|    INTEREST | | INT | _____ | _____ | _____ |
|    CAP GAIN DISTRIB | | CAP GAIN | _____ | _____ | _____ |
|    MON MKT FUND INT | | INT | _____ | _____ | _____ |
|    SALES PROCEEDS | | GAIN/LOSS | _____ | _____ | _____ |
| | | | _____ | _____ | _____ |
| | | TOTAL | _____ | _____ | _____ |
| | | | | *FINAL INDIV TAX RETN* | *TRUST INCOME TAX RETN* |

| INCOME COMPOSITION: | TAXABLE | EXEMPT | | TOTAL |
|---|---|---|---|---|
| DIVIDENDS | _____ | _____ | | _____ |
| INTEREST | _____ | _____ | | _____ |
| CAP GAINS | _____ | _____ | | _____ |
| MM FUND INT | _____ | _____ | | _____ |
| GAIN/LOSS | _____ | _____ | | _____ |
|    TOTAL | _____ | _____ | | _____ |

104

## FINAL PERSONAL INCOME TAX RETURN DATA

INVESTMENT INCOME THRU DATE OF DEATH – DETAIL ANALYSIS:

| 3BROKER/ACCOUNT NAME | THRU DATE | INC TYPE | TOTAL AMOUNT | AMT THRU DOD | AMT AFTER DOD |
|---|---|---|---|---|---|
| CUM ALL MOS PRIOR DEATH | _____ | | | | X |
|    DIVIDENDS | | DIV | _____ | _____ | X |
|    INTEREST | | INT | _____ | _____ | X |
|    CAP GAIN DISTRIB | | CAP GAIN | _____ | _____ | X |
|    MON MKT FUND INT | | INT | _____ | _____ | X |
|    SALES PROCEEDS | | GAIN/LOSS | _____ | _____ | X |
| TOTAL IN MONTH OF DEATH | _____ | | | | |
|    DIVIDENDS | | DIV | _____ | _____ | _____ |
|    INTEREST | | INT | _____ | _____ | _____ |
|    CAP GAIN DISTRIB | | CAP GAIN | _____ | _____ | _____ |
|    MON MKT FUND INT | | INT | _____ | _____ | _____ |
|    SALES PROCEEDS | | GAIN/LOSS | _____ | _____ | _____ |
| | | | _____ | _____ | _____ |
| | | TOTAL | _____ | _____ | _____ |
| | | | | *FINAL INDIV TAX RETN* | *TRUST INCOME TAX RETN* |

| INCOME COMPOSITION: | TAXABLE | EXEMPT | | TOTAL |
|---|---|---|---|---|
| DIVIDENDS | _____ | _____ | | _____ |
| INTEREST | _____ | _____ | | _____ |
| CAP GAINS | _____ | _____ | | _____ |
| MM FUND INT | _____ | _____ | | _____ |
| GAIN/LOSS | _____ | _____ | | _____ |
|    TOTAL | _____ | _____ | | _____ |

## FINAL PERSONAL INCOME TAX RETURN DATA

BANK INCOME THRU DATE OF DEATH – DETAIL ANALYSIS:

| <u>1BANK ACCOUNT NAME</u> | <u>THRU DATE</u> | <u>INC TYPE</u> | <u>TOTAL AMOUNT</u> | <u>AMT THRU DOD</u> | <u>AMT AFTER DOD</u> |
|---|---|---|---|---|---|
| CUM ALL MOS PRIOR DEATH | _____ | INT | _____ | _____ | X |
| TOTAL IN MONTH OF DEATH | _____ | INT | _____ | _____ | _____ |
| | | TOTAL | _____ | _____ | _____ |

| <u>2BANK ACCOUNT NAME</u> | <u>THRU DATE</u> | <u>INC TYPE</u> | <u>AMOUNT</u> | <u>THRU DOD</u> | <u>AFTER DOD</u> |
|---|---|---|---|---|---|
| CUM ALL MOS PRIOR DEATH | _____ | INT | _____ | _____ | X |
| TOTAL IN MONTH OF DEATH | _____ | INT | _____ | _____ | _____ |
| | | TOTAL | _____ | _____ | _____ |

| <u>3BANK ACCOUNT NAME</u> | <u>THRU DATE</u> | <u>INC TYPE</u> | <u>AMOUNT</u> | <u>THRU DOD</u> | <u>AFTER DOD</u> |
|---|---|---|---|---|---|
| CUM ALL MOS PRIOR DEATH | _____ | INT | _____ | _____ | X |
| TOTAL IN MONTH OF DEATH | _____ | INT | _____ | _____ | _____ |
| | | TOTAL | _____ | _____ | _____ |

| <u>4BANK ACCOUNT NAME</u> | <u>THRU DATE</u> | <u>INC TYPE</u> | <u>AMOUNT</u> | <u>THRU DOD</u> | <u>AFTER DOD</u> |
|---|---|---|---|---|---|
| CUM ALL MOS PRIOR DEATH | _____ | INT | _____ | _____ | X |
| TOTAL IN MONTH OF DEATH | _____ | INT | _____ | _____ | _____ |
| | | TOTAL | _____ | _____ | _____ |

FINAL INDIV TAX RETN     TRUST INCOME TAX RETN

## Estate Tax Return Summary Data

Gross estate - total value all assets     _____

Adjustments:   plus refunds received    +_____

                        less liabilities paid out    -_____

Net taxable estate     _____

Estate tax     (*)     _____

Estate net of tax     _____

(*) Estate tax calculation:

NET TAXABLE ESTATE          _____
LESS CURRENT EXCLUSION    (_____)
NET AMOUNT                   _____
X TAX RATE                   X_____ %
ESTIMATED ESTATE TAX         _____

ACTUAL TAX DUE PER ESTATE TAX RETURN    _____
ESTATE TAX RETURN FILED (DATE) _____

110

## Estate tax return summary data

Recap of <u>asset</u> valuation at date death (_____)

*Source-estate asset recaps:*

| | | |
|---|---|---|
| P31 | CASH ACCOUNTS | _____ |
| P41 | NOTES/ACCOUNTS REC | _____ |
| P45 | INVESTMENT SECURITIES | _____ |
| P57 | ANNUITIES | _____ |
| P59 | LIFE INSURANCE | _____ |
| P63 | REAL ESTATE PROPERTY | _____ |
| P69 | PERSONAL PROPERTY | _____ |
| P75 | OTHER ASSETS | _____ |
| P77 | REFUNDABLE ITEMS | _____ |
|  | MISC | _____ |
|  | TOTAL ASSETS | _____ |

*Notes*

## Estate tax return summary data

Recap of <u>liabilities</u> deducted from gross estate

*Source-estate liability/expense recaps:*

| | | |
|---|---|---|
| P83 | CREDIT CARD ACCTS PAYABLE | _____ |
| P85 | MORTGAGE NOTES | _____ |
| P87/89 | OTHER NOTES/ACCTS PAYABLE | _____ |
| P91 | FUNERAL-BURIAL EXPENSES | _____ |
| P93 | ESTATE ADMIN EXPENSES/FEES | _____ |
| P95 | OTHER EXPENSES not incl above | _____ |
| P97 | CHARITABLE GIFT BEQUESTS | _____ |
| | MISC | _____ |
| | TOTAL LIABILITIES | _____ |

*Notes*

## ESTATE TAX RETURN SUMMARY DATA

## ESTATE TAX RETURN SUMMARY DATA

## ESTATE/TRUST INCOME TAX RETURN DATA

TAXABLE INCOME ITEMS AFTER DATE OF DEATH (_____):  AMOUNT

| | |
|---|---|
| INVESTMENT ACCOUNTS (SEE ATT) | _____ |
| SAVINGS BONDS | _____ |
| BANK ACCOUNTS (SEE ATT) | _____ |
| SALARY-BONUS ITEMS | _____ |
| OTHER | _____ |
| TOTAL | _____ |

TAX-DEDUCTIBLE EXPENSES AFTER DATE OF DEATH:

| | |
|---|---|
| INTEREST EXPENSE | _____ |
| REAL ESTATE & PERS PROP TAXES | _____ |
| LEGAL/TAX ACCOUNTING FEES | _____ |
| OTHER | _____ |
| TOTAL | _____ |

ESTIMATED TAXABLE INCOME _____

## Estate/Trust income tax return data

Investment income AFTER date of death – Detail analysis:

| 1 BROKER/ACCOUNT NAME | DIVIDENDS | INTEREST | CAP GAINS OR LOSSES | TOTAL AMOUNT |
|---|---|---|---|---|
| MONTH OF DEATH _____ | | | | |
| SUBSEQUENT MOS | | | | |
| | | | | |
| | | | | |
| | | | | |
| | | | | |
| | | | | |
| | | | | |
| TOTAL | | | | |

| 2 BROKER/ACCOUNT NAME | DIVIDENDS | INTEREST | GAINS/LOSS | TOTAL |
|---|---|---|---|---|
| MONTH OF DEATH _____ | | | | |
| SUBSEQUENT MOS | | | | |
| | | | | |
| | | | | |
| | | | | |
| | | | | |
| | | | | |
| | | | | |
| TOTAL | | | | |

| 3 BROKER/ACCOUNT NAME | DIVIDENDS | INTEREST | GAINS/LOSS | TOTAL |
|---|---|---|---|---|
| MONTH OF DEATH _____ | | | | |
| SUBSEQUENT MOS | | | | |
| | | | | |
| | | | | |
| | | | | |
| | | | | |
| | | | | |
| | | | | |
| TOTAL | | | | |

## Estate/Trust income tax return data

Bank income AFTER date of death – Detail analysis:

| 1 BANK ACCOUNT NAME | SAVINGS | MM ACCT | CD/TIME | TOTAL AMOUNT |
|---|---|---|---|---|
| MONTH OF DEATH | | | | |
| SUBSEQUENT MOS | | | | |
| | | | | |
| | | | | |
| | | | | |
| | | | | |
| | | | | |
| | | | | |
| TOTAL | | | | |

| 2 BANK ACCOUNT NAME | SAVINGS | MM ACCT | CD/TIME | TOTAL |
|---|---|---|---|---|
| MONTH OF DEATH | | | | |
| SUBSEQUENT MOS | | | | |
| | | | | |
| | | | | |
| | | | | |
| | | | | |
| | | | | |
| | | | | |
| TOTAL | | | | |

| 3 BANK ACCOUNT NAME | SAVINGS | MM ACCT | CD/TIME | TOTAL |
|---|---|---|---|---|
| MONTH OF DEATH | | | | |
| SUBSEQUENT MOS | | | | |
| | | | | |
| | | | | |
| | | | | |
| | | | | |
| | | | | |
| | | | | |
| TOTAL | | | | |

# Estate/Trust income tax return data

# Estate/Trust income tax return data

## DISTRIBUTION RECORD – ESTATE PRINCIPAL

PRELIMINARY DISTRIBUTIONS:

ESTATE VALUATION ESTIMATE AT (DATE) _____ : ESTATE NET OF TAX _____

FOR PURPOSE OF PRELIM DISTRIBUTION AT _____

ESTATE NET OF TAX VALUATION     _____
PRELIM DISTRIBUTION % _____     _____     HOLDBACK AMT _____
SHARE TO EACH FAMILY GROUP      _____     _____
THEN TO RESPECTIVE INDIV HEIRS  _____     _____


PRELIM DISTRIBUTIONS TO:

| BENEFICIARY NAME | AMOUNT PAID | CHK# | DATE |
|---|---|---|---|
| 1 _____ | _____ | _____ | _____ |
| 2 _____ | _____ | _____ | _____ |
| 3 _____ | _____ | _____ | _____ |
| 4 _____ | _____ | _____ | _____ |
| 5 _____ | _____ | _____ | _____ |
| 6 _____ | _____ | _____ | _____ |
| 7 _____ | _____ | _____ | _____ |
| 8 _____ | _____ | _____ | _____ |
| 9 _____ | _____ | _____ | _____ |
| 10 _____ | _____ | _____ | _____ |
| 11 _____ | _____ | _____ | _____ |
| 12 _____ | _____ | _____ | _____ |

TOTAL     _____

## DISTRIBUTION RECORD – ESTATE PRINCIPAL

FINAL DISTRIBUTIONS:

ESTATE FINAL VALUATION    AT (DATE) _____ : ESTATE NET OF TAX _____

FOR PURPOSE OF FINAL DISTRIBUTION AT _____

| | | PRELIM DISTRIB | FINAL DISTRIB |
|---|---|---|---|
| ESTATE NET OF TAX VALUATION FINAL DISTRIBUTION 100% | _____ | - _____ | _____ |
| SHARE TO EACH FAMILY GROUP | _____ | - _____ | _____ |
| THEN TO RESPECTIVE INDIV HEIRS | _____ | - _____ | _____ |

FINAL DISTRIBUTIONS TO:

| BENEFICIARY NAME | AMOUNT PAID | CHK# | DATE |
|---|---|---|---|
| 1 _____ | _____ | _____ | _____ |
| 2 _____ | _____ | _____ | _____ |
| 3 _____ | _____ | _____ | _____ |
| 4 _____ | _____ | _____ | _____ |
| 5 _____ | _____ | _____ | _____ |
| 6 _____ | _____ | _____ | _____ |
| 7 _____ | _____ | _____ | _____ |
| 8 _____ | _____ | _____ | _____ |
| 9 _____ | _____ | _____ | _____ |
| 10 _____ | _____ | _____ | _____ |
| 11 _____ | _____ | _____ | _____ |
| 12 _____ | _____ | _____ | _____ |

TOTAL _____

# Distribution Record – Estate/Trust Income

Preliminary income distributions:

Estate/Trust income est after date death thru (date) _____ : _____

For purpose of prelim distribution at _____

TOTAL ESTATE INCOME TO DATE _____
PRELIM DISTRIBUTION % _____  _____    HOLDBACK AMT _____
SHARE TO EACH FAMILY GROUP _____  _____
THEN TO RESPECTIVE INDIV HEIRS _____  _____

PRELIM DISTRIBUTIONS TO:

| BENEFICIARY NAME | AMOUNT PAID | CHK# | DATE |
|---|---|---|---|
| 1 _____ | _____ | _____ | _____ |
| 2 _____ | _____ | _____ | _____ |
| 3 _____ | _____ | _____ | _____ |
| 4 _____ | _____ | _____ | _____ |
| 5 _____ | _____ | _____ | _____ |
| 6 _____ | _____ | _____ | _____ |
| 7 _____ | _____ | _____ | _____ |
| 8 _____ | _____ | _____ | _____ |
| 9 _____ | _____ | _____ | _____ |
| 10 _____ | _____ | _____ | _____ |
| 11 _____ | _____ | _____ | _____ |
| 12 _____ | _____ | _____ | _____ |

TOTAL _____

134

## DISTRIBUTION RECORD – ESTATE/TRUST INCOME

FINAL INCOME DISTRIBUTIONS:

ESTATE/TRUST INCOME AFTER DATE OF DEATH THRU (DATE) _____ : _____

FOR PURPOSE OF FINAL DISTRIBUTION AT _____

| | | PRELIM DISTRIB | FINAL DISTRIB |
|---|---|---|---|
| TOTAL ESTATE INCOME TO DATE | _____ | | |
| FINAL DISTRIBUTION 100% | _____ | -_____ | _____ |
| SHARE TO EACH FAMILY GROUP | _____ | -_____ | _____ |
| THEN TO RESPECTIVE INDIV HEIRS | _____ | -_____ | _____ |

FINAL DISTRIBUTIONS TO:

| BENEFICIARY NAME | AMOUNT PAID | CHK# | DATE |
|---|---|---|---|
| 1 _____ | _____ | _____ | _____ |
| 2 _____ | _____ | _____ | _____ |
| 3 _____ | _____ | _____ | _____ |
| 4 _____ | _____ | _____ | _____ |
| 5 _____ | _____ | _____ | _____ |
| 6 _____ | _____ | _____ | _____ |
| 7 _____ | _____ | _____ | _____ |
| 8 _____ | _____ | _____ | _____ |
| 9 _____ | _____ | _____ | _____ |
| 10 _____ | _____ | _____ | _____ |
| 11 _____ | _____ | _____ | _____ |
| 12 _____ | _____ | _____ | _____ |

TOTAL _____

**OTHER ESTATE ADMIN ITEMS- NOTES**

**OTHER ESTATE ADMIN ITEMS- NOTES**

# QUESTIONS-DISCUSSION NOTES W/ATTORNEY-ACCOUNTANT

## QUESTIONS-DISCUSSION NOTES W/ATTORNEY-ACCOUNTANT

## QUESTIONS-DISCUSSION NOTES W/ATTORNEY-ACCOUNTANT

# QUESTIONS-DISCUSSION NOTES W/ATTORNEY-ACCOUNTANT

## QUESTIONS-DISCUSSION NOTES W/ATTORNEY-ACCOUNTANT

OTHER NOTES

NOTES

NOTES

NOTES

NOTES

NOTES

NOTES

NOTES

NOTES

Made in the USA
Monee, IL
14 April 2025